Arena-Taschenbuch

Band 1796

Renate Welsh
lebt als freie Schriftstellerin in Wien.
Sie hat viele Kinder- und Jugendbücher geschrieben,
für die sie mehrfach den Österreichischen Staatspreis,
den Preis der Stadt Wien und zahlreiche
andere Preise erhielt.
Für »Johanna« wurde sie mit dem
Deutschen Jugendliteraturpreis ausgezeichnet.

Renate Welsh

Sonst bist du dran!

Eine Erzählung zum Thema
»Gewalt in der Schule«

Mit Illustrationen von
Dorothea Tust

Arena

Renate Welsh
dankt Bernhard Guidon und
seiner Klasse von Alicia bis Thomas
für ihre wertvolle Mitarbeit
an diesem Buch.

Die Deutsche Bibliothek – CIP-Einheitsaufnahme

Sonst bist du dran!
Eine Erzählung zum Thema »Gewalt in der Schule«/
Renate Welsh.
– Orig.-Ausg., 1. Aufl. – Würzburg: Arena, 1994
(Arena-Taschenbuch; Bd. 1796)
ISBN 3-401-01796-9
NE: GT

1. Auflage 1994 als Originalausgabe
im Arena-Taschenbuchprogramm

Reihenkonzeption: Karl Müller-Bussdorf
Umschlagillustration und Innenillustrationen: Dorothea Tust
Gesamtherstellung: Chemnitzer Verlag und Druck GmbH,
Werk Zwickau
ISSN 0518-4002
ISBN 3-401-01796-9

Aus der Nachbarkabine tönte ein Schrei und dann ein Geräusch wie Gurgeln, ein scheußliches Geräusch. Michel zerrte am Reißverschluß seiner Hose, sein Hemd war eingezwickt. Er zog den Pullover so weit hinunter wie möglich und öffnete die Tür.
Da standen fünf oder sechs Jungen aus seiner Klasse, johlten und grölten, Rücken an Rücken dicht gedrängt. Plötzlich aber öffnete sich ein Spalt, und Michel sah Arnold über die Klomuschel gebeugt, von Bertram und Klaus an beiden Schultern festgehalten. Wo war sein Kopf? Der steckte in der Muschel! Von dort kam das Gurgeln und Keuchen.

Michel hatte den Mund voller Spucke. Aufhören! wollte er schreien, aber er wußte nicht, wohin mit der vielen Spucke, schlucken konnte er nicht, ausspucken noch weniger.
»Achtung!« schrie einer.
Bertram und Klaus ließen Arnold los, knallten die Tür vor ihm zu, die anderen standen da, als warteten sie brav darauf, daß eine Kabine frei würde.
»Was ist hier los?« fragte der Lehrer.
Niemand antwortete.
Der Lehrer musterte die Jungen, wandte sich an Michel. »Was ist los?« wiederholte er.
Michel zuckte mit den Schultern.
»Reden kannst du nicht?«
Er konnte wirklich nicht reden. Da war die Spucke, da waren vor allem die Blicke, die er nicht sah, aber spürte,

eine sehr deutliche Drohung.
Und warum sollte er reden, wenn Arnold hinter der Tür schwieg, nicht schrie, nicht weinte, nicht an die Tür klopfte?
Der Lehrer schüttelte den Kopf. »Wer fertig ist, geht raus. Das ist kein Aufenthaltsraum.«
Bertram packte Michel am Arm.
»Wehe, du sagst ein Wort.«
Michel nickte. Er wollte nur weg.
Warum war er nicht gegangen, als der Lehrer noch da war?
Es läutete.
Bertram und die anderen liefen hinaus, Michel wusch sich die Hände so gründlich, als stünde seine Mutter hinter ihm. Jetzt endlich konnte er ausspucken, einmal, zweimal. Hörte er leises Weinen hinter der geschlossenen Tür?

Er ging in die 4 a, setzte sich an seinen Platz.
Als Arnold hereinkam, mit nassen Haaren und roten Augen, senkte Michel den Kopf.
Bertram hielt sich die Nase zu, sofort machte es Rita nach, stieß ihre Freundin Valerie an, die Mädchen kicherten und quetschten ihre Nasen zu.
Arnold setzte sich auf seinen Platz.
Valerie rückte ihren Stuhl ans äußerste Ende der Bank, dann baute sie aus Büchern, ihrer Federschachtel, Malkasten, Handarbeitskoffer, Lineal und Dreiecken eine Mauer zwischen sich und ihm.

Frau Rode betrat die Klasse. Wie immer meinte Michel, den Duft ihres Parfums bis in die fünfte Reihe zu riechen. Wie immer lächelte sie. Man könnte glauben, sie wüßte nichts Schöneres auf der Welt, als die 4 a in Kunst zu unterrichten, wenn man sie so strahlen sah. Als hätte sie ein tolles Geschenk mitgebracht und könnte es kaum erwarten, daß das Geburtstagskind es auspackt. Wie weich die Haare um ihr Gesicht hingen. Sie zog einen verschnörkelten Bilderrahmen aus ihrer Tasche und lachte die Klasse durch den Rahmen an. Michel betrachtete den Flaum auf ihren Wangen und bekam eine Gänsehaut.
»Michel, hast du überhaupt zugehört?« fragte Frau Rode. »Mir scheint, du träumst schon wieder.«
Er hatte ihr beim Sprechen zugeschaut,

nicht zugehört. Was hatte sie gesagt? Irgend etwas von einem Porträt. Sie hielt immer noch den Rahmen vor ihr Gesicht. Also zeichnete er Susanne Rode, jedenfalls versuchte er es.
Wie sollte er den richtigen Ton für die Haut hinkriegen? Der rosa Stift war viel zu rosa, der beige viel zu beige.
Er schraffierte mit beiden, aber jetzt sah das Gesicht einfach schmutzig aus. Mit dem Radiergummi machte er alles nur noch schlimmer. Dabei hatte er die Haare richtig schön hinbekommen.
Susanne ging durch die Bankreihen.
»Seit wann hat Axel so lange Haare?« fragte sie.
Er spürte, wie er rot wurde, brennheiß rot. Seinen Nachbarn hätte er zeichnen sollen!
In dem Augenblick sah er, daß der offene Reißverschluß seiner Hose klaffte.

Offenbar konnte man doch nicht sterben vor Scham. Frau Rode ging weiter.
»Valerie, so kannst du Arnold ja gar nicht sehen. Bau bitte diese Mauer ab.«
»Er stinkt!« rief Valerie.
»Er stinkt!« bestätigte ein Chor.
Frau Rode legte Arnold die Hand auf die Schulter. Er zuckte zusammen, als hätte sie ihn geschlagen. »Was ist los mit dir, Arnold?«
Michel erwartete, daß Arnold jetzt herausplatzen würde. Oder wenigstens zu weinen anfangen. Aber er schwieg. Senkte den Kopf und schwieg.
Bertram zog die Luft durch die Zähne ein.
Klaus drehte sich zu Bettina und Laura um und schlug mit dem Zeigefinger an seine Stirn.
Sie kicherten.

Frau Rode ging nach vorn, nahm ein Lineal, klopfte damit an ihre Jeans. Alle blickten auf, nur Arnold saß immer noch mit gesenktem Kopf.

»Hier ist etwas los«, sagte Frau Rode, »ich weiß zwar nicht, was es ist, aber es gefällt mir ganz und gar nicht. Wenn ihr mir nicht sagen wollt, worum es geht, kann ich euch nicht zwingen. Vielleicht überlegt ihr einmal, daß zu einem Unrecht zu schweigen gerade soviel ist, als hätte man mitgetan.«
Michel erschrak. Weiß sie es? Sie kann es nicht wissen, woher denn. Natürlich weiß sie nichts.
Arnold saß immer noch da zwischen seinen hochgezogenen Schultern.

Richtig blöd sah er aus und schniefte hoch. Kein Wunder, daß Valerie wegrückte, so weit sie konnte.

In der letzten Stunde wurde gewispert und geflüstert. Frau Hafner war krank, die Lehrerin, die sie vertrat, kannte die Namen der Schülerinnen und Schüler nicht. Niemand kümmerte sich darum, wenn sie strafende Blicke in die Gegend warf. Klaus schrieb eifrig auf kleine Zettel, faltete sie zu Papierfliegern und ließ sie zu seinen Freunden segeln.

»Jetzt reicht es aber!« sagte die Lehrerin. »Räumt eure Bücher weg. Wir schreiben ein Diktat.«

Ihre Stimme zitterte.

Immer wieder hob die eine oder der andere die Hand. »Bitte, das Wort

haben wir noch nicht gehabt.«
Die Lehrerin tat, als hätte sie nichts gehört.
Am Ende der Stunde sammelte sie die Blätter ein.

Michel ging durch den Park. Fast jeden Tag fütterte er die Enten und Schwäne mit seinem Pausenbrot. Das ersparte ihm eine Menge Ärger daheim.
Eine weiße Ente mit braunem Schopf kannte ihn schon, sie kam immer sehr schnell herangeschwommen, wenn er auf den Steg trat.
Schon von weitem hörte er die Stimmen auf dem Spielplatz. An diesem nebligen Herbsttag waren keine Mütter mit Kleinkindern hier. Ein dunkelhaariger Junge balancierte über die Hängebrücke und schaute nicht links

und nicht rechts, nur gerade vor sich auf seine Füße.
»Sag mir nach: Ich bin ein stinkendes Arschloch.« Das war Bertrams Stimme.
Michel blieb stehen.
Er hörte, wie Klaus seine Lippen ansaugte und das zischelnde, halb zwitschernde Geräusch machte, das anzeigte, wie ärgerlich er war. Von Arnold kam nichts.
Da klatschte es laut, einmal, zweimal.
»Wird's bald?«
Wieder dieses Klatschen, und dann Lachen, vielstimmig.
»Ich muß heim, die Mama kriegt Zustände, wenn ich zu spät komme, und außerdem gibt es Apfelstrudel.«
Das klang wie Fanny, die jedes Jahr den Weihnachtsengel spielte, die gar keine Flügel brauchte, weil sie sowieso aussah wie der Engel im Bilderbuch

mit ihren goldblonden Locken und ihren himmelblauen Augen. Die konnte doch nicht dabeisein, wenn die Buben einen ohrfeigten, den sie in der Pause im Klosett ersäuft hatten. Fast ersäuft hatten. Aber das war Fannys Stimme, keine Frage, das war die Stimme, die alle so süß fanden und bei der Michel immer ein leichtes Ziehen in den Schneidezähnen spürte. »Du willst doch nicht, daß ich daheim Ärger kriege?«

Wieder klatschte es. Michel trat einen Schritt vor.

Jetzt sah er sie, Klaus, Bertram und ihre Freunde, und mitten zwischen ihnen Fanny, im Kreis um Arnold stehen. Einer nach dem anderen holte aus und schlug Arnold, der sich mit den Armen zu schützen versuchte. Plötzlich spritzte Blut aus

seiner Nase, ein roter Schwall.
Fanny sprang zurück. »Das kommt vom Nasenbohren!« rief sie.
Ein Tropfen traf Bertram. »Scheiße!« brüllte er. »Das wirst du mir büßen!«
Er rieb mit einem Papiertaschentuch an seiner Jacke herum, da fiel sein Blick auf Michel. »Achtung, ein Spion!«
Michel brauchte zwei Herzschläge zu lange, bis er sich anschickte wegzulaufen. Noch vor der Sandkiste hatten ihn Bertram und Frank eingeholt, ihm die Arme hinter dem Rücken verdreht, und führten ihn zu Klaus, der sich auf der Wippe aufgepflanzt hatte, als wäre er sein eigenes Denkmal.
»Du wolltest uns doch nicht nachspionieren?« fragte Klaus.
»Nein.«
»Was hast du im Park verloren?«

Sie dürfen nicht merken, daß ich Angst habe, dachte Michel.
»Der Park ist öffentlich«, sagte er.
»Heute mittag nicht«, erklärte Klaus, und Fanny lachte und zog seinen Kopf zu sich und flüsterte ihm etwas ins linke Ohr. Er hüpfte auf einem Bein herum und drückte einen Finger an das Ohr.
Arnold hielt ein durchweichtes Papiertaschentuch an seine Nase. Zwischen seinen Fingern quoll Blut, tropfte auf seine Turnschuhe.
Fanny drehte sich einmal um sich selbst. »Ich gehe«, erklärte sie.
»Wart einen Augenblick.« Klaus schnippte gegen Michels Brust. »Du weißt ja, wenn du ein Wort sagst, bist du dran. Ist das klar?«
»Ja.«
»Dann will ich die Dame nicht länger

warten lassen.« Klaus beschrieb mit der rechten Hand einen Kreis, das sah komisch aus, wie aus einem alten Film. Aber Michel war gar nicht nach Lachen zumute. Klaus bot Fanny den Arm, sie hakte sich ein und ging mit ihm davon. Ihre Haare wippten bei jedem Schritt.
»Warum haust du nicht ab?« wandte sich Bertram an Arnold. Der starrte ihn an, duckte sich und rannte davon.
»Feige Sau!« schrie Bertram hinter ihm her.
Michel kämpfte mit den Tränen, aber er wollte denen nichts vorheulen, er durfte denen nichts vorheulen. Aufs Klo mußte er auch. Er hielt sich so gerade wie möglich, setzte Fuß vor Fuß, erwartete jeden Augenblick, daß ihm einer nachrennen, ihn mit Gewalt zurückholen würde. Sobald er sicher war, daß sie ihn nicht mehr sehen

konnten, rannte er los.
Zu Hause setzte er sich auf die Treppe, bis das Atmen nicht mehr im Hals kratzte und in den Ohren dröhnte.
Dann erst drückte er auf die Türklingel.
»Wie war's in der Schule?« fragte die Mutter.
»Normal«, sagte er.
Es gab Spaghetti, trotzdem stocherte er im Essen herum. Eine Nudel glitschte von der Gabel und kringelte sich auf dem weißen Tischtuch.
»Kannst du nicht aufpassen?« schimpfte die Mutter.
Er ging in sein Zimmer, warf sich aufs Bett, ohne die Schuhe auszuziehen, starrte auf die Decke. Wie viele Risse es da gab. Die hatte er nie zuvor gesehen.
Er hörte die Mutter im Vorzimmer hin und her gehen. Vor seiner Tür blieb sie stehen. Wie eine Katze kam sie ihm

vor, die an der Tür kratzt. Aber sie kam nicht herein.
Nach einer Weile sprang er auf, legte eine Kassette ein und drehte den Regler auf volle Lautstärke.
Jetzt kam die Mutter angestürmt, riß die Tür auf und fuhr ihn an: »Bist du verrückt geworden? Das dröhnt ja bis auf die Straße hinunter.« Sie stellte den Recorder so leise, daß die Musik ein jämmerliches Gesäusel wurde, blieb neben seinem Schreibtisch stehen und wartete.
Er hätte ja gern mit ihr geredet, aber das ging nicht. Wirklich nicht.
»Was quält dich denn so?« fragte sie, streckte die Hand aus und wuschelte seine Haare. »Du weißt doch, du kannst mit allem zu uns kommen.«
Er nickte und schwieg weiter.

Beim Abendessen sagte er: »Ich möchte Karate lernen.«
Der Vater erinnerte ihn daran, daß seine Blockflöte und seine Gitarre ungespielt auf dem Schrank lagen und sein Judoanzug so gut wie ungetragen beim letzten Weihnachtsbasar gelandet war. Die Mutter schüttelte den Kopf, der Vater redete weiter über alle die vielen Dinge, die Michel angefangen und aufgegeben hatte.
»Warum trittst du mich auf den Fuß, Mama?« fragte Michel.
»Oh, entschuldige«, sagte die Mutter. Sie musterte Michel bekümmert, öffnete den Mund, preßte die Lippen zusammen. Der Vater versteckte ein Grinsen hinter seiner Serviette. Die Mutter schüttelte den Kopf.

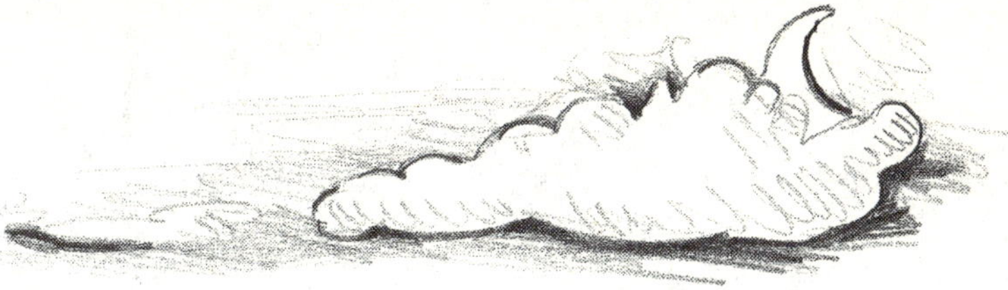

Mitten in der Nacht wachte Michel auf. Der Bauch tat ihm weh, hinter seinen Augen war ein schrecklicher Druck, sein Hals brannte, seine Fußsohlen juckten. Er fing an zu kratzen, bis die Sohlen nicht mehr juckten, sondern schmerzten. Sein Bett war jetzt bestimmt voller Blut.
Blutig wie Arnolds Taschentuch.
Er konnte lange nicht einschlafen.

Am Morgen war er sicher, daß er Fieber hatte. Die Mutter legte ihm eine Hand

auf die Stirn und behauptete, er sei kühl wie ein Fisch. Sie strich ein Frühstücksbrot für ihn und schäumte den Kakao, das hatte er früher gern gehabt. Sie wußte nicht, daß es ihm jetzt egal war und daß er Kakao eigentlich überhaupt nicht mehr mochte. Sie trug die blaue Jacke, da gab es tintendunkle Flecke und sommermittagshelle, die fast weiß leuchteten. Wenn sie diese Jacke anhatte, war sie immer gut gelaunt. Ob die gute Laune von der Jacke kam oder ob sie die Jacke nur anzog, wenn sie gute Laune hatte, wußte Michel nicht. Heute war es auch egal, heute konnte er nur den Kopf einziehen und durchtauchen.
»Ich habe einen Termin außerhalb, da muß ich mit dem Wagen fahren«, sagte die Mutter. »Ich bring dich zur Schule, ja?«

Sie zerkrümelte gekränkt ihr Brot, weil er bloß nickte. Mehr hätte er beim besten Willen nicht geschafft.
Er las alle Sprüche im Kalender auf dem Klo, suchte lange nach einer grünen Patrone für seine Füllfeder und dann nach einem Buch aus der Schülerbibliothek, das er unbedingt heute zurückgeben mußte. Die Mutter drängte zur Eile, dann hatte sie einen wichtigen Brief vergessen und mußte ihn in dem Wirrwarr auf ihrem Schreibtisch finden. Trotzdem verließen sie das Haus so pünktlich, daß er wahrscheinlich der erste in der Klasse sein würde. Wenn dann Klaus oder Bertram als nächste kamen? Oder, viel schlimmer noch, Arnold?
Doch dann hatte er Glück. Gleich in der zweiten Quergasse stand ein Müllwagen riesig und orangerot vor

ihnen, und die Müllmänner schleppten eine Tonne nach der anderen heraus, mindestens zehn. Hinter ihnen hupten die Fahrer, die Mutter trommelte aufs Lenkrad, und Michel hielt es für möglich, daß der Tag trotz allem noch gut ausgehen könnte.

Als er die Treppen hinaufrannte, läutete es. Im ersten Stock überholte er die Lehrerin, die Frau Hafner vertrat. Er wußte nicht, wie sie hieß, es interessierte ihn auch nicht.

Klaus grinste ihm zu. Das verwirrte Michel und beschäftigte ihn die ganze Stunde lang. Er konnte beim besten Willen nicht zuhören, was die Lehrerin sagte, auch wenn sie noch so bekümmert dreinschaute.

Ganz ohne sein Zutun gingen seine Blicke nach rechts zu Arnold. Der war seit gestern geschrumpft, sein Kopf ragte nur ganz wenig über die Stuhllehne. Alle paar Minuten kratzte er sich, am Hals, in den Haaren, am Kinn, an den Wangen. Zwischendurch bohrte er in der Nase, und dann rollte er die Popel zwischen Zeigefinger und Daumen. Er trug denselben Pullover wie gestern, da waren bestimmt Blutflecken dran, auch wenn man sie in der braunen Wolle nicht sehen konnte.

Fanny drehte sich mehrmals um und lächelte ihr strahlendes Weiße-Zähne-Lächeln. Die Lampe schien genau auf ihre Locken.

Am Beginn der Pause flüsterte Bertram Michel zu: »Wir treffen uns in der Garderobe.«

Weglaufen wollte er. Nichts damit zu tun haben. Einfach weglaufen. Aber wohin? Möglichst weit weg.

Zur Lehrerin gehen? Zum Direktor?

Die Treppen hinunterfallen, mit gebrochenen Beinen liegenbleiben, mit Blaulicht und Martinshorn ins Krankenhaus gefahren werden?
Einfach aufhören zu atmen?
Er war schon auf dem Weg zur Garderobe.
Bertram hockte auf der Bank wie ein merkwürdiger Vogel. »Hör zu.« Er packte Michel am Pulloverausschnitt. »Wir sind nicht sicher, ob du den Mund halten kannst. Das heißt, Klaus ist nicht sicher. Fanny auch nicht. Willst du zu uns gehören?«
Bertrams Gesicht war so nahe, Michel spürte seinen Atem. Er konnte nicht zurückweichen, hinter ihm war die Trennwand aus Maschendraht. Sie würden ihn also nicht verprügeln, Bertram war allein, oder waren die anderen irgendwo versteckt? Zwischen

den Jacken nicht, das hätte Michel gespürt.
»Wie meinst du das?« flüsterte er.
»Stell dich nicht dümmer, als du bist. Das ist doch klar. Ob du dazugehören willst, zu unserer Bande.«
Bertram wollte wirklich nur mit ihm reden. Der große Bertram, der beste Turner in der 4 a, der schnellste, der stärkste, der mutigste, der gewandteste.
»Was macht ihr?«
»Verschiedenes.« Bertram verknotete die Schnüre dreier Jacken. Die Besitzer würden ganz schön zu tun haben, sie wieder auseinanderzudröseln. »Das erfährst du alles, ich meine, wenn du dabei bist. Vorher geht es dich nichts an.«
Michel brummte etwas, das als Zustimmung oder auch als Frage gelten konnte.

»Sag . . .«
»Ja?«
»Warum eigentlich Arnold?«
»Warum nicht Arnold?« fragte Bertram.
»Oder magst du ihn vielleicht?«
»Nein.«
»Siehst du.«
Darum geht es nicht, wollte Michel sagen, aber er schwieg. Es war so verwirrend, in seinem Kopf ging alles durcheinander. Wieso hatte es nicht längst geläutet? Sonst waren die Pausen nie so lang.
»Also?« fragte Bertram. »So ein Angebot machen wir nicht zweimal, und damit du es nur weißt, Klaus hat so seine Bedenken . . .«
Michel wartete.
Als nichts mehr kam, fragte er doch: »Was für Bedenken?«
Bertram zog an seinem Pullover. Gleich

würde er ein Loch gebohrt haben.
»Glaubst du, du bist besonders schlau, wenn du dich blöd stellst? Überleg dir das gut! Solche Klugscheißer haben wir nämlich gar nicht gern.«
Jetzt läutete es. Ein Lehrer tauchte in der Halle auf. Bertram nahm mit großer Geste ein Taschentuch aus seiner Jacke. Eigentlich war es verboten, sich in der Garderobe aufzuhalten. Aber wer konnte einem armen schnupfengeplagten Schüler verbieten, ein Taschentuch zu holen?
»Nach der Schule im Park«, sagte Bertram im Hinaufgehen. Es klang wie ein Befehl. Das war es wohl auch.

Die zusammengeknoteten Jacken gehörten Arnold und zwei Mädchen. Die Mädchen waren wütend und

schimpften auf Arnold ein. Er verteidigte sich nicht.
Bertram machte Michel ein Zeichen, und Michel folgte ihm in den Park.
Klaus und die anderen waren schon auf dem Spielplatz. Einer die Arme um die Schultern des anderen gelegt, standen sie Kopf an Kopf in einem engen Kreis.
Klaus erklärte seinen Plan. Er würde mit drei Jungen den Eingang zum Park besetzen, Bertram sollte mit den anderen Arnold am Schultor abholen und hierhertreiben.
Michel nahm seinen ganzen Mut zusammen. »Warum?« fragte er und ärgerte sich, wie sehr seine Stimme zitterte.
Klaus maß ihn mit einem vernichtenden Blick.
»Du tust einfach dasselbe wie wir, verstanden? Und du bleibst hier bei mir.«

Bertram rannte mit zwei Jungen los. Lange Minuten geschah überhaupt nichts. Dann kam Arnold. Er lief nach rechts, Bertram und Robert liefen ebenfalls nach rechts. Er lief nach links, Luki und Florian liefen nach links. Er versuchte auszubrechen, da umkreisten sie ihn wie Schäferhunde. Nun trottete er mit hängendem Kopf, sein Schal schleifte hinter ihm auf dem Kiesweg.
Plötzlich rannte er wieder los, stolperte dabei über seinen Schal, fiel auf die Knie, rappelte sich hoch. Da sah er Klaus.
Klaus stand mit verschränkten Armen, neben ihm Fanny und Edi auf einer Seite, Mario und Michel auf der anderen.
Niemand sagte ein Wort.
Ein dunkler Fleck breitete sich auf

Arnolds Hose aus.
»Er hat sich angepinkelt!« rief Bertram. Er hielt sich die Nase zu.
»Arnold hat sich angepinkelt, Arnold hat sich angepinkelt!« schrien alle.
Michel schwieg. Da fing er einen Blick von Klaus auf und schrie mit den anderen. Er hatte Angst.
»Lauf heim zur Mami und laß dir die Windeln wechseln«, sagte Klaus. »Dir geht's wohl nicht gut, was?«
Arnold schlurfte davon, die anderen johlten hinter ihm her. Sein Schal blieb liegen, ein rotgrüner Fleck. Bertram hob ihn auf und schleuderte ihn in den Kastanienbaum. Dort hing er wie ein vergessener Drachen.
»Das wär's, Leute«, sagte Klaus. »Ich hab Hunger.«
Er sprang von der Wippe, Mario reichte ihm seine Schultasche. »Bis morgen.«

Fanny sah ihm bewundernd nach. Die Gruppe zerstreute sich.

Erst am Tor merkte Michel, daß Luki neben ihm ging. Er sieht auch nicht glücklich aus, stellte Michel mit einem Seitenblick fest.

»Warum denn der Arnold?« fragte er schließlich.

Luki zuckte mit den Schultern. Als sie schon vor seinem Haus standen, sagte er: »Warum nicht der Arnold?«

Das war anscheinend die einzige Antwort, die Michel bekommen würde.

»Oder willst du mit ihm tauschen?« fragte Luki freundlich.

»Also wirklich nicht.«

Luki lehnte sich gegen das Tor, betrachtete Michel von oben bis unten, als hätte er ihn noch nie gesehen.

Plötzlich sagte er: »Mein Onkel hat einen Leopard. Außer ihm darf ihn keiner anrühren, nur ich. Von mir läßt er sich sogar kraulen.« Mit dem Hintern drückte er das Tor auf und schlüpfte durch.

Ein Fenster ging auf, ein Mann schimpfte heraus, wurde wütend, als Michel nicht antwortete. »Dich kenne ich doch! Du bist der, der letzte Woche den Mülleimer im Hausflur ausgeleert hat. Warte nur . . .«

Michel lief davon. Er rannte, bis ihm jeder Atemzug weh tat. Dann erst drehte er sich um. Von dem Mann war nichts zu sehen.

Der kannte ihn nicht. Er hatte ihn nie zuvor gesehen. Wenn aber doch . . .? Wie sollte er beweisen, daß er nie in dem Haus gewesen war, nicht einmal wußte, wo die Mülleimer standen? Wer würde ihm glauben?

Am Nachmittag war Michel allein mit Frau Hummel. In seinem Zimmer hielt er es nicht aus, auf allen Wänden lief ein Film, der die Ereignisse im Park zeigte. Der Film ließ sich nicht abstellen.
Michel ging in die Küche, trug den Mülleimer hinunter, putzte alle Schuhe, auch die lehmverkrusteten vom letzten Sonntagsausflug vor zwei Wochen, bündelte die alten Zeitungen, entfernte die Wachsreste von den Kerzenhaltern. Frau Hummel war gerührt.
»Wissen Sie überhaupt, was für ein Schatz Ihr Michel ist?« fragte sie, als die Mutter heimkam. »Ich hab mein

Lebtag kein so braves, hilfsbereites Kind gesehen.«

»Das freut mich sehr«, sagte die Mutter, aber sie musterte Michel wieder mit einem besorgten Blick. Später saß sie lange an seinem Bett, las ihm sogar eine Gutenachtgeschichte vor wie früher, als er noch nicht so gut lesen konnte. Sie wartete darauf, daß er endlich zu reden anfing. Aber er konnte nicht.

Mitten in der Nacht wachte er auf. Seine Kehle brannte. Hatte er geschrien? Er lauschte hinaus.

Es war ganz still in der Wohnung, so still, daß er den Kühlschrank in der

Küche knacksen und den Zeiger der elektrischen Uhr hüpfen hörte. Sein Kopfkissen war ekelhaft verschwitzt, er drehte es um, nach kurzer Zeit war auch die andere Seite feucht und heiß. Morgen würden sie mit ihm alles machen, was sie Arnold angetan hatten. Und ihm würde auch keiner helfen.

Am nächsten Tag war Frau Hafner wieder da. Sie hatte eine große Neuigkeit: Sie erwartete ein Baby. Alle waren aufgeregt, schrien durcheinander, hatten zahllose Fragen. Das Baby sei jetzt noch nicht ganz so groß wie ihr Zeigefinger, sagte sie, ob es ein Junge oder ein Mädchen sei, wisse sie nicht und wolle sie auch gar nicht wissen.

»Ein Junge«, brüllten die Jungen.
»Ein Mädchen«, brüllten die Mädchen.
Die Lehrerin sagte: »Das ist längst entschieden, und es ändert sich auch nicht, wenn ihr noch so laut brüllt. Ich fürchte nur, wenn ihr so weiterschreit, werden seine armen kleinen Ohren einen Schaden davontragen. Also seid bitte etwas leiser.«
Von da an wurde mindestens eine halbe Stunde lang geflüstert.
Frau Hafner versprach, Bilder von Babys im Mutterbauch in die Schule mitzubringen.
»Müssen die Mütter für solche Fotos eine Kamera schlucken?« fragte Luki.
Die halbe Klasse lachte schallend, die andere Hälfte wußte nicht recht, warum, bis Frau Hafner erklärte, daß ihres Wissens kein direkter Weg vom Magen in die Gebärmutter führe.

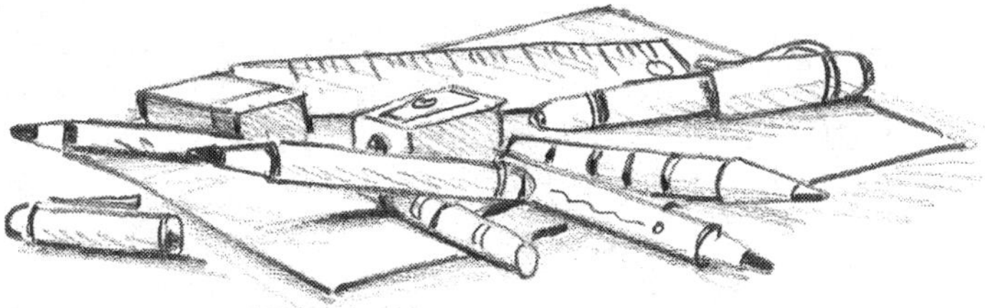

Mario zeichnete eine birnenförmige Gebärmutter mit Bett und Tisch und Lampe darin und einen Winzling in einem Lehnsessel mit einer Sprechblase: »Kein Fernseher, kein Computer, kein Walkman – wie soll man's neun Monate lang aushalten in diesem Saftladen?« Rings um ihn wurde gekichert und gegluckst. Mario wollte sein Bild der Lehrerin nicht zeigen, aber sie bestand darauf und lachte mit.

In der Mathestunde schlug Astrid eine Schlußrechnung vor: »Ein Baby nimmt in neun Monaten dreieinhalb

Kilogramm zu. Wieviel wiegt dann eine fünfundzwanzigjährige Frau?«
Frau Hafner hob die Hände.
»Einspruch!«
Es war ein spannender Vormittag. Alle, die jüngere Geschwister hatten, erzählten davon, wie sie ihren Bruder oder ihre Schwester zum ersten Mal gesehen hatten. Viktoria schilderte den ersten Wurf ihrer Katze. Die Mädchen stellten Namenslisten auf, von Adelheid bis Zita und von Adalbert bis Zacharias. Frau Hafner fragte höflich, ob sie auch mitreden dürfe, schließlich sei es auch ein bißchen ihr Baby, nicht nur das der Klasse.
Arnold saß mit offenem Mund und hörte zu. Als es klingelte, packte er seine Sachen und lief die Treppe hinunter. Niemand folgte ihm, niemand hielt ihn auf.

Michel war dem Baby dankbar. Vielleicht, dachte er, ist ihnen jetzt die Lust vergangen. Und alles kann wieder normal werden.

Mutter und Vater warteten im Auto vor der Schule. »Wir haben den Nachmittag freigeschaufelt«, sagte der Vater. »Du wolltest doch die Burg Greifenstein sehen.«
Sie fuhren an der Donau entlang, aßen in einem Gasthausgarten, in dem Hühner herumliefen, wanderten durch eine Schlucht, rannten auf einer Wiese um die Wette und stiegen dann zur Burg hinauf. Die Sonne schien, die letzten Schmetterlinge steckten ihre Rüssel in die Distelblüten am Wegrand, Vögel raschelten im Unterholz, eine winzige Spitzmaus

starrte sie aus ihren Kugelaugen an.
Von der Burg blickten sie hinunter auf den Strom, wo sich ein Frachter flußaufwärts plagte. Auf dem Verdeck flatterten bunte Hemden.
Der alte Kastellan erzählte vom Leben auf der Burg, von Raubrittern und Abenteuern, als wäre er selbst dabeigewesen.
Sie stiegen ins Verlies. Der Kastellan leuchtete mit seiner starken Taschenlampe die Felswände an, zeigte die eisernen Ringe, an denen die schweren Ketten der Gefangenen festgeschmiedet waren, zeigte die Folterwerkzeuge.

»Du bist ja ganz blaß«, sagte die Mutter zu Michel, als sie wieder im Burghof standen.
»Heute haben die Gefangenen sogar Fernseher in ihren Zellen«, sagte der Kastellan.
»Nicht alle«, sagte der Vater.
»Keineswegs alle und nicht überall.«
Die Mutter nickte, dann meinte sie:
»Aber wenigstens geht es den Gefangenen bei uns entschieden besser als im Mittelalter. Das ist immerhin ein Fortschritt.«
Michel sagte nichts.

Am nächsten Morgen erklärte Frau Hafner entschieden, es freue sie sehr, daß die Klasse sich so für das Baby interessiere, aber sie müßten dennoch auch rechnen und schreiben. Seufzend

holten die Kinder ihre Hefte und Bücher heraus.
In der Pause blieb Arnold auf seinem Platz sitzen. Er behauptete, ihm wäre nicht gut. Die Lehrerin schlug vor, er solle sich auf das Sofa in der Leseecke legen.
Klaus und Bertram unterhielten sich angeregt und verscheuchten jeden, der in ihre Nähe kam, mit bösen Blicken. Sie klatschten sich auf die Schenkel, schlugen einander auf die Schultern und lachten schallend.
In der letzten Stunde bekam Michel einen Zettel zugesteckt. *Nach der Schule auf dem Parkplatz.* Schon wieder ein Befehl. Wenn er einfach nein sagte? Unmöglich. Er mußte gehen. Aber welcher Parkplatz?
Es kam ihm so blöd vor zu fragen.
So schnell hatte er noch nie seine

Sachen gepackt. Er lief in die Garderobe und wartete auf Bertram. Der kam hereingestürmt, riß seine Jacke vom Haken und rannte hinaus. Michel folgte ihm.
Bertram hetzte über die Straße, kümmerte sich nicht um quietschende Bremsen. Ein Laster versperrte die Sicht, als Michel die andere Straßenseite erreichte, war Bertram verschwunden. Michel lief zu dem Parkplatz am Ende der Gasse, da war niemand. Er hetzte zurück. Wo gab es einen anderen Parkplatz in der Gegend? Er wußte keinen. Nach Hause zu gehen wagte er nicht. Er rannte nach links, nach rechts, bis er solches Seitenstechen hatte, daß er stehenbleiben mußte.
Eine Frau mit einem vollbepackten Einkaufswagen schimpfte, weil er ihr

den Weg versperrte. An der Ecke unterhielten sich zwei Männer. Der eine musterte Michel mißtrauisch, wie ihm schien. Er setzte sich wieder in Trab. Wenn er bloß wüßte, wohin.
War das nicht Fannys Lachen hinter dem Bretterzaun? Er drückte ohne Hoffnung gegen das Tor, das mit einem Vorhängeschloß gesichert war.
Ein Pfiff ertönte. Florian kam aus der Seitengasse geschlendert, packte Michel am Arm und zog ihn mit sich um die Ecke. »Klaus hat recht. Du bist wirklich dümmer, als die Polizei erlaubt.«
Florian guckte die Straße hinauf und hinunter. Niemand zu sehen, seltsamerweise nicht einmal ein Auto. Er hob eine Latte an, drehte sie zur Seite, schlüpfte durch, zischte: »Komm.«
Michel folgte ihm.

Sein Herz klopfte so laut, daß er meinte, man müsse es kilometerweit hören.
»Idiot!« herrschte Klaus ihn an. »Ein für allemal: Willst du zu uns gehören oder nicht? Wenn nicht, kannst du dich gleich zu Arnold hocken. Es hängt von dir ab.«
Arnold kauerte auf allen vieren in der Mitte des Kreises. Sein Gesicht war rot gefleckt.
Plötzlich hatte Michel eine Riesenwut auf ihn. Er wußte nicht, wieso.
»Also?« Bertram kam einen Schritt näher.
»Klar will ich zu euch gehören«, sagte Michel.
Arnold sollte ihn nicht so ansehen. Verdammt, er sollte ihn nicht so ansehen!
»Gut.« Klaus packte Michels Hand und

drückte sie, alle anderen legten ihre Hände kreuzweise darüber. »Du kannst es dann gleich beweisen. Du weißt ja: Es gibt kein Zurück. Einmal Hunzer, immer Hunzer. Verstanden?«
»Was heißt Hunzer?«
»Hunzer sind wir. Alles klar?«
»Alles klar.«
Gar nichts war klar.
Klaus wandte sich an Arnold. »Und jetzt zu dir, mein Lieber.« Er ahmte Stimme und Haltung des Direktors nach, alle lachten gehorsam. »Du weißt, ich tu das nicht gern.« Sie grölten vor Vergnügen, bis Klaus die Hand hob und alle verstummten. »Also – was ist deine Mutter?«
Arnold schwieg. Die Flecken in seinem Gesicht wurden dunkler, seine Brust hob und senkte sich, aber er schwieg. Bertram stieß mit der Fußspitze nach

ihm. »Der Boß hat dich etwas gefragt.«
Eine Mischung aus Seufzen und Keuchen kam aus Arnolds Kehle, aber er sagte kein Wort.
»Eine dumme, fette Kuh ist sie.« Klaus betonte jedes Wort einzeln. »Jetzt wirst du es wenigstens nachsagen können. Also: was ist sie?«
Draußen hallten Schritte. Zwei Männer redeten. Klaus legte den Finger auf den Mund.
Jetzt hätte Arnold doch wenigstens rufen können, der Idiot! Aber er schwieg weiter.
Autos hupten. Ein kleines Kind schrie: »Mama!«
Es begann zu weinen.
»Wir haben nicht den ganzen Tag Zeit«, flüsterte Klaus. Er zeigte auf Michel. »Was ist das Kind einer Kuh?«
»Ein Kalb.«

»Sehr gut, Kleiner, sehr gut. Gib dem Kalb zu fressen.«
»Was?«
»Du wirst doch wenigstens wissen, was Rindviecher fressen, sonst bist du selber eines!«
»Gras. Heu.«
Klaus zeigte auf die harten, trockenen Büschel am Rand des Parkplatzes.
»Bitte – bedien dich.«

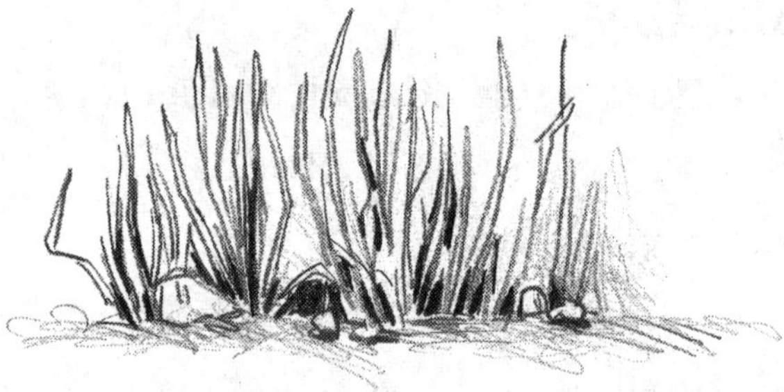

Michels Beine fühlten sich an, als wäre er zu lange geschwommen. Er rupfte ein paar Halme ab und trug sie zu Arnold, der den Kopf gesenkt hielt.
»Fressen!« befahl Klaus, und als Arnold

sich nicht rührte: »Stopf es ihm ins Maul.« Einen Augenblick lang blickte Arnold auf.
Der Blick traf Michel irgendwo tief innen, aber plötzlich packte ihn eine ungeheure Wut. Mit einer Hand riß er Arnolds Kinn nach unten, mit der anderen stopfte er ihm das Gras in den Mund.
Ein erstickter Gurgellaut, würgender Husten, dann ein Schwall Spucke gemischt mit Halmen.
Michel wich zurück. Einige Halme klebten an seinem Ärmel. Mit beiden Fäusten schlug er auf Arnold ein, bis Klaus in die Hände klatschte.
»Das war's.« Er schlug noch einmal die Hände aneinander, als müsse er etwas abstreifen, drehte sich um und ging.
Die anderen folgten sehr schnell.
Arnold und Michel blieben zurück.

Arnold würgte und hustete noch immer. Er klopfte Erde und Steinchen von seinen Knien, seinen Ellbogen, nahm seinen Pullover und ging. Noch auf der Straße hörte ihn Michel husten. Vor seinen Füßen lag ein Schneckenhaus. Er trat darauf, stampfte darauf herum, bis es nicht mehr knirschte. Dann kotzte er.

Das Tor schwang auf, ein Mann ging zu seinem Wagen, sperrte auf. Da sah er Michel. Warum verstehe ich ihn nicht, er spricht doch deutsch, dachte Michel. Der Mann kam auf ihn zu, packte seine Schulter, schüttelte ihn. Michel kam sich vor wie eine Fetzenpuppe, ließ sich

schütteln. Jetzt hörte er wieder.
»Du bist also das Miststück, das hier ständig Spiegel und Antennen abbricht. Wir beide gehen jetzt zur Polizei.«
Michel versuchte nicht einmal davonzulaufen, versuchte nicht, sich zu verteidigen.

Der Polizist, dem der Mann seine Geschichte erzählte, hatte die größten Nasenlöcher, die Michel je gesehen hatte. Beim Zuhören schluckte er ein paarmal, und als der Mann geendet hatte, wandte sich der Polizist an Michel: »Was hast du dazu zu sagen?«
Michel schüttelte nur stumm den Kopf.
»Kannst du nicht reden?«

»Das ist wieder mal typisch«, mischte sich der Mann ein. »Tun, was der Teufel nicht schafft, und dann das arme Hascherl spielen.«
Der Polizist wandte sich an Michel. »Du schreibst mir bitte Namen und Adresse auf, wir müssen der Sache natürlich nachgehen, wenn du es wirklich gewesen bist, müssen deine Eltern den Schaden ersetzen.«
»Natürlich war er's. Ich habe ihn ja praktisch in flagranti erwischt.«
Der Polizist beachtete den Mann nicht. Er schaute zu, wie Michel schrieb, nickte.
»Der gibt bestimmt einen falschen Namen und eine falsche Adresse an. Das kennen wir doch.«
»Werter Herr«, sagte der Polizist, »ich nehme an, Sie lassen sich auch nicht gern in Ihre Arbeit dreinreden. Ich

habe doch längst das Schild auf seiner Schultasche gelesen. Es hat alles seine Richtigkeit. Und du läufst schleunigst nach Hause, ohne Umwege! Hast du mich verstanden?«

Michel nickte. »Danke«, brachte er gerade noch heraus.

Dieser Blick, mit dem Arnold ihn angesehen hatte.

Was kann ich denn dafür? wehrte sich Michel gegen seine eigenen Vorwürfe. Wenn ich es nicht getan hätte, hätte es ein anderer getan. Und mir hätten sie auch Gras ins Maul gestopft. Was hätte Arnold davon gehabt?

Nichts hätte er davon gehabt. Er hätte sich ja selbst verteidigen können. Er hätte schreien können, als draußen Leute vorbeigingen. Selber schuld.

Aber die Schläge . . . Nein, an die Schläge wollte Michel nicht denken.

Hoffentlich war die Mutter nicht zu Hause.
Frau Hummel würde ihn in Ruhe lassen, wenn er in sein Zimmer ging. Die würde nur sagen: »Weil du auch so schnell wächst. Da kannst du ja nicht mitkommen.« Dann würde sie ihm heiße Milch mit Honig ans Bett bringen.
Wie Arnold ihn angesehen hatte.
Aber eigentlich war es ja nicht ich. Eigentlich . . .
Jetzt war er auch noch in einen Hundehaufen getreten. Scheiße. Scheißhunde. Scheiße, Scheiße.
Am besten wäre es, er ginge gar nicht nach Hause. Wenn die Eltern wüßten, was er getan hatte, würden sie ohnehin nichts mehr mit ihm zu tun haben wollen. Wenn er zum Beispiel die Autospiegel abgebrochen hätte, würden sie schimpfen und ihm das Taschengeld

streichen. Das wäre nicht weiter schlimm. Wirklich nicht. Aber auf einen einschlagen, der am Boden lag, das war eine andere Sache. Eine völlig andere Sache.

Jemand packte ihn am Arm.

»Paß doch auf! Du wärst fast in ein Auto reingelaufen.«

Das wäre entschieden besser gewesen, dachte er.

Die Mutter war wirklich nicht zu Hause. Es gelang ihm, Frau Hummel zu sagen, er hätte Bauchschmerzen. Sie bedauerte ihn, hängte seine Jacke auf, schickte ihn ins Bett, brachte eine Wärmflasche und Kamillentee. Er zog die Decke über den Kopf. Ihm war wirklich übel. Speiübel. Sterbensübel. Irgendwann schlief er ein.

Als er aufwachte, war er überzeugt, daß alles ganz anders gewesen sein mußte. Er drosch doch nicht auf einen ein, der am Boden lag. Er doch nicht.

Der Tee war nur mehr lauwarm, aber er tat gut. Michel nahm ein Buch in die Hand, nach drei Seiten wußte er nicht, was er gelesen hatte. Ob er die Augen öffnete oder schloß, er sah alles vor sich, obwohl es doch nicht so gewesen sein konnte.

Einmal klingelte das Telefon.

Das war bestimmt die Polizei.

Oder Arnolds Eltern.

Michel hielt sich die Ohren zu, dann lief er zur Tür, öffnete sie einen Spalt.

»Ich glaube, es geht ihm schon besser«, schrie Frau Hummel. Sie schrie immer

ins Telefon. »Aber ich gehe nicht weg, bevor Sie da sind. Nein, ich laß das arme Kerlchen doch nicht allein.«
Gleich darauf kam sie auf Zehenspitzen in sein Zimmer. »Die Mami ist aufgehalten worden. Sie schickt dir ein Bussi. Magst du noch einen Tee?«
Wenn sie wüßte, was für einer ihr armes Kerlchen wirklich war. Er hoffte, daß sie es nie erfahren würde.
Als er den Tee getrunken hatte, weinte er in sein Kopfkissen.

Die Mutter kam spät, steckte nur den Kopf zur Tür herein und sagte, sie müsse erst einmal in die Badewanne. Sie hatte also einen schlechten Tag gehabt. Das machte es noch schwerer,

ihr alles zu erzählen.
Zum Abendessen bekam Michel Haferschleimsuppe. »Das wird deinem Magen guttun.« Er kämpfte mit jedem Löffel.
Dem Vater sah man an, daß er irgend etwas im Kopf ausrechnete. Immer wieder legte er die Gabel hin, verzog das Gesicht, nickte dann.
Es war wirklich der schlechteste Augenblick für das, was Michel den Eltern sagen mußte.
Wenn er bis morgen wartete? Nein, es mußte jetzt sein.
»Da ist einer in meiner Klasse«, fing Michel an, »den habe ich . . .«
Er konnte nicht weiterreden,
die Haferschleimsuppe kam hoch, er schaffte es gerade noch bis zum Badezimmer. In einem Schwall landete die Suppe auf den Fliesen, viel mehr,

als er gegessen hatte.
Die Eltern kamen ihm nachgelaufen, sie wuschen ihn, putzten den Boden, die Mutter hielt seinen Kopf, als er über der Klomuschel würgte und würgte, obwohl gar nichts mehr in seinem Magen war. Im Wasserspiegel sah er Arnolds Gesicht.
Wenn sie wüßten.
Wenn sie wüßten.
Der Vater brachte seinen Pyjama, nahm ihm den stinkenden Pullover aus der Hand.
Sie waren so entsetzlich lieb zu ihm, begleiteten ihn beide in sein Zimmer, setzten sich an sein Bett.
Ich kann nicht, dachte er, ich kann nicht.
Aber ich muß.
Seine Erzählung war verworren. So verworren, daß die Eltern sich zuerst

gar nicht auskannten. Langsam breitete sich das Entsetzen auf ihren Gesichtern aus, aber die Mutter hörte nicht auf, seinen Kopf zu streicheln, und der Vater hielt weiter seine Hand. Als er fertig war, sahen die Eltern einander an.

»Ich kann es einfach nicht glauben«, sagte die Mutter. »Du warst doch nie ein Schläger. Nie.«

Er hätte sich so gern versteckt, aber er mußte zusehen, wie die Mutter ihre Hände anstarrte und der Vater einen Punkt an der Wand.

Die Heizungsrohre gurgelten. In der oberen Wohnung fiel etwas Hartes auf den Boden. Irgendwo klingelte ein Telefon.

Sagt doch etwas, dachte er. Sagt, daß ihr mich nicht mehr sehen wollt, daß ich in ein Heim muß, daß ihr nichts

mehr mit mir zu tun haben wollt, sagt irgendwas, aber schaut nicht so.
Was hätte ich denn tun können? Sie hätten mich genauso verprügelt, ich kann doch nichts dafür, ich ...
Er glaubte sich selbst nicht.
Ebendeswegen brachte er lautlos weitere Entschuldigungen vor, eine nach der anderen, sie spritzten in seinem Kopf herum wie viele kleine Pfeile. Er schluchzte auf.
»Also«, sagte der Vater endlich, und dann kam lange nichts.
Er stand auf, ging im Zimmer herum, vier Schritte bis zum Fenster, fünf Schritte bis zur Tür, warum waren es nicht gleich viele? Vier Schritte, jetzt blieb er stehen, lehnte sich an den Schreibtisch.
»Wir brauchen dir nicht zu sagen, wie schlimm wir das finden, das weißt du

selbst, und es gibt auch keine Entschuldigung dafür. Ist das klar?«

Michel nickte. Auf eine seltsame Art war er erleichtert.

Der Vater fuhr fort: »Wiedergutmachen läßt sich das nicht, aber du mußt eine Möglichkeit finden, Arnold zu zeigen, wie leid es dir tut. Ich könnte mir vorstellen, daß er dir verzeiht. Ob du dir selbst verzeihen kannst, ist eine andere Frage.«

»Und ihr?«

»Das ist nicht das Problem«, sagte der Vater.

»Meines schon!« schluchzte Michel.

»Wir können dir verzeihen, aber darum geht es wirklich nicht. Richtig verzeihen kann dir nur der, dem du etwas angetan hast, den du verletzt hast. Ich glaube, das ist auch notwendig, damit du dir selbst verzeihen kannst, und das ist wahrscheinlich die Hauptsache.«

»Du meinst, ich muß jetzt sein Freund sein? Weißt du, was die anderen dann mit mir machen? Und überhaupt mag ich ihn nicht. Keiner mag ihn.«

»Es ist noch sehr die Frage, ob er dich zum Freund haben will. Ich kann es mir ehrlich gesagt nicht recht vorstellen. Natürlich weiß ich, daß es mehr als schwierig wäre, zu einem zu stehen, den die Klasse ablehnt, aus welchem Grund auch immer. Du wirst es in keinem Fall leichthaben. Ich sag dir nur, wie du es vielleicht für dich selbst in Ordnung bringen kannst.«

Michel spürte, wie es in ihm seufzte. Er spürte auch, daß der Vater nicht böse auf ihn war. Er war enttäuscht, das war schlimmer.

Die Mutter nahm seine Hand. »Weißt

du, in jedem von uns steckt eine Menge Böses. Manche wollen es nicht wahrhaben, dann wird es besonders gefährlich. Ich muß dir etwas erzählen. Daß ich dich liebhabe, das weißt du. Aber es hat Zeiten gegeben, wo du gebrüllt hast und nicht aufhören wolltest, was ich auch tat, du warst trocken, du warst satt, du hattest keine Schmerzen, soweit ich sehen konnte, aber du hast gebrüllt die halbe Nacht lang. Da hatte ich eine solche Wut auf dich, das kann sich kein Mensch vorstellen. Ich hätte dich aus dem Fenster werfen mögen.«

»Aber du hast es nicht getan.«

»Gott sei Dank«, sagte sie.

Der Vater setzte sich wieder.

»Vielleicht hilft es dir, daß du jetzt weißt, wozu du imstande wärst. Vielleicht hilft es dir, mit dem

Bösen in dir fertig zu werden.«
»Warum gehen eigentlich alle ausgerechnet auf Arnold los?« fragte die Mutter.
»Weil er gräßlich ist.«
»Wie gräßlich?«
»Einfach gräßlich.«
»Das ist keine Antwort«, beharrte die Mutter.
»Alle sagen es!« rief Michel. »Keiner mag ihn.«
»Und weil ihn keiner mag, ist er gräßlich? Ist es das?«
»Ja. Nein.« Michel wußte nicht weiter. Die Eltern wußten auch nicht weiter.
»Ich wüßte gern, warum dieser Klaus so grausam ist«, sagte die Mutter. »Er ist ja offenbar der Anführer. Vielleicht wird er zu Hause geprügelt.«
»Das ist mir egal«, sagte Michel. »Geschieht ihm recht.«

Die Mutter schüttelte den Kopf.
Der Vater bemühte sich, seine Stimme ganz ruhig zu halten. »Alle Prügel haben Folgen. Ein kluger Mann hat gesagt, daß jeder Mensch das Bedürfnis hat, Pfeile, die ihn getroffen haben, herauszuziehen und einem anderen ins Fleisch zu werfen. Es gehört viel dazu, sie zu zerbrechen, zu verbrennen oder sonst unschädlich zu machen. Verstehst du?«
Michel nickte, schüttelte den Kopf. »Ein bißchen.«
»Das reicht für den Anfang«, sagte der Vater. »Hoffentlich. Und jetzt solltest du schlafen, denk ich.«

Beide Eltern gaben ihm einen Gutenachtkuß. Michel bekam einen dicken Knoten im Hals dabei.
In der Tür drehte sich die Mutter noch einmal um. »Und wegen der Polizei brauchst du dir keine Sorgen zu machen. Ich gehe morgen früh gleich hin und spreche mit dem Beamten. Eigentlich habe ich den Eindruck, daß er dir geglaubt hat.«

Ich bin zu leicht weggekommen, ging es Michel durch den Kopf. Der Gedanke wunderte ihn. Er war überzeugt, daß er unmöglich einschlafen konnte, obwohl ihm die Augen ständig zufielen.
Da rüttelte die Mutter ihn wach.
Er trödelte im Badezimmer, zerpflückte sein Frühstücksbrot, bis die Mutter mahnend auf die Küchenuhr zeigte.

»Also mach's gut«, sagte sie zum Abschied, und noch auf der Treppe fiel ihm auf, wie sie das betont hatte, wieviel Erwartung in den Worten lag.
Er trottete vor sich hin, hatte keine Ahnung, was er tun sollte.
Konnte ihm Arnold überhaupt verzeihen?
Vor der Schule stand ein Rettungswagen mit Blaulicht und laufendem Motor. Zwei Sanitäter schoben eben eine Trage in den Wagen, schlossen die Tür, rannten zu ihren Sitzen. Der Motor lief schon. Als das Martinshorn nicht mehr zu hören war, gingen die Kinder zurück ins Schulhaus.
Auf den Gängen drängelten sich Knäuel von Schülern. Zwei Drittkläßler haben gerauft, einer ist unglücklich gestürzt, hieß es. Nein, ein Junge aus

der Vierten ist mit einem Messer auf einen anderen losgegangen. Quatsch, zwei Mädchen haben um eine Schere gestritten. Einer hat einen Stuhlturm gebaut, ist raufgeklettert und von ganz oben runtergefallen. Ein Junge wollte einem Mädchen den Zopf abschneiden, da hat sie die Schere gepackt . . .

Der Direktor scheuchte die Kinder in die Klassen.
Frau Hafner war ganz blaß, als sie berichtete, was wirklich geschehen war. Zwei Mädchen hatten gerauft, eine war dabei so unglücklich gefallen, daß sie sich an der Tischkante ein Loch in den Kopf geschlagen hatte.

»In der dritten Klasse ist alles voller Blut«, berichtete Viktoria und schüttelte sich.
Luki flüsterte so laut, daß es alle hörten: »Bin ich froh, daß es Mädchen waren. Sonst würden alle wieder auf die Buben loshacken.«
Frau Hafner schüttelte heftig den Kopf. »So einfach dürfen wir es uns nicht machen. Wir müssen gemeinsam darüber nachdenken, wie wir selbst mit Gewalt umgehen. Macht bitte schnell einen Stuhlkreis.«
Es gab die übliche Drängelei, bis endlich jedes Kind einen Platz gefunden hatte. Michel saß zwischen Luki und Julia. Er hielt den Kopf gesenkt, er wollte Klaus und Bertram nicht anschauen müssen und Arnold erst recht nicht.
Fast alle hatten etwas zu sagen über

Gewalt, die sie gesehen hatten: eine Frau, die ein Kind schlug, ein Mann, der eine Frau an den Haaren riß, Jugendliche, die in der Straßenbahn die Fahrgäste anrempelten und beschimpften, ein Bub, der ein Mädchen vom Fahrrad stieß, eine Frau, die einen Hund prügelte, ein Autofahrer, der einen anderen bedrohte . . .
Frau Hafner schüttelte den Kopf. »Ich denke, wir sollten jetzt nicht über andere reden.«
Es wurde still. Die Bodenbretter waren offenbar ganz plötzlich sehr interessant geworden. Florian kratzte sich am Kopf, und Michel spürte sofort, wie es auch ihn juckte. Mario spielte mit dem Klettverschluß seiner Turnschuhe. Das Reißgeräusch war sehr laut. Anja bohrte in der Nase, als sie Michels

Blick spürte, tat sie, als hätte sie sich bloß die Nase gerieben.
Da zeigte Arnold auf.
»Ja, Arnold?« sagte Frau Hafner ermutigend.
Michel schnappte nach Luft.
»Darf ich zur Toilette?« fragte Arnold.
Er stolperte über einen Turnbeutel.
Michel meinte zu spüren, wie Bertram und die anderen aufatmeten, nur Klaus saß da mit weit in den Kreis gestreckten gespreizten Beinen und schien ganz und gar mit sich und der Welt zufrieden. Das konnte doch gar nicht sein. Das gab es nicht.
»Gewalt ist schrecklich.«
Michel studierte gerade eine Ritze im Boden und sah nicht, wer sprach.
Merkwürdigerweise erkannte er die Stimme nicht, die klang piepsig, niemand in seiner Klasse redete so.

Arnold kam zurück, setzte sich, vorgebeugt, die Hände auf den Knien. Fast alle steuerten jetzt ebenfalls kluge Sätze bei, nur Arnold und Klaus sagten wiederum kein Wort, und Michel selbst schwieg. Er hatte jede Menge Spucke zu schlucken, dabei war sein Mund völlig trocken.

Das ging so eine Weile, bis Frau Hafner sagte: »Ich glaube, wir sind nicht mutig und nicht ehrlich genug, um über uns selbst zu reden. Ich gebe jetzt jedem von euch einen Zettel. Denkt zu Hause nach, wann ihr Gewalt ausgeübt oder erfahren habt, und schreibt mir einen Satz auf – oder auch mehrere. Ihr könnt in Blockschrift schreiben oder den Satz in die Maschine tippen, dann weiß niemand, von wem der Satz stammt.«

»PC geht auch?« fragte Bettina.

»Natürlich. Wichtig ist nur, daß jede und jeder einen Satz beisteuert.«
Das allgemeine Geseufze ging im Klingeln unter.
Klaus grinste.

In der dritten Stunde war Turnen.
»Völkerball! Völkerball!« brüllten alle.
Frau Hafner hob die Hände, bis es still wurde.
»Nein«, sagte sie. »Heute ganz bestimmt nicht. Denkt mal darüber nach, was es heißt, abgeschossen zu werden. Wißt ihr, in wie vielen Ländern auf der Welt das in diesem Augenblick wirklich geschieht?«
Etliche maulten, einige wenige schauten erschrocken.
»Das kann ja lustig werden«, murrte Robert. »Bald dürfen wir nur mehr

Händchen falten und fromme Lieder jaulen.«

Frau Hafner ließ Bock, Kasten und Schwebebalken aufstellen. Es gab einen Staffellauf in drei Gruppen. Michels Gruppe verlor.

Beim Umziehen verhedderte er sich in seinem Pullover. Als es ihm endlich gelungen war, Kopf und Arme herauszuarbeiten, merkte er, daß er den Pullover verkehrt herum angezogen hatte. Er stopfte das Turnzeug in den Beutel, da sah er Arnold.

Jetzt.

Nein, nicht jetzt. In der nächsten Pause. Oder in der übernächsten. Da hörte er ganz deutlich Mutters Stimme: Später wird es auch nicht leichter.

Er holte tief Atem und trat zu Arnold. »Du . . . es tut mir leid . . . ich wollte das nicht . . .«
Arnold stand auf, ging hinaus und ließ ihn einfach stehen. Die Garderobentür schwang hinter ihm zu.

Als er den Finger auf die Klingel drückte, kam die Mutter die Stiegen heraufgehetzt. »Na?« fragte sie erwartungsvoll.
»Na nix«, knurrte Michel. »Kein einziges Wort hat er gesagt, wie Luft hat er mich behandelt, und dabei habe ich mich doch entschuldigt.«
Die Mutter fummelte in ihrer Handtasche nach dem Wohnungsschlüssel. »Du hast doch hoffentlich nicht erwartet, daß er dir voll Begeisterung um den Hals

fallen wird, oder?«
»Hau ab, hätte er wenigstens sagen können, oder sonst etwas Unfreundliches.«
»Gib nicht auf.« Die Mutter drückte ihm ein Netz voll Gemüse in die Hand. »Was hältst du von Ravioli zum Mittagessen?«
»Viel«, sagte Michel. »Auch wenn sie nur aus der Dose sind.«
Die Mutter stöhnte übertrieben. »Ansprüche auch noch, das hab ich gern!«
Michel war dankbar, daß sie nicht auf seinem Problem herumritt. Gleichzeitig fand er, daß sie ruhig ein bißchen mehr darüber hätte reden können.

Was würde er tun, wenn Klaus und Bertram ihn wieder zwingen wollten mitzutun?

Warum hatte Arnold sich nicht bei seinen Eltern beklagt?
Und wenn er es doch getan hatte?
Sooft das Telefon klingelte, hob sich Michels Magen, und sein Hals wurde eng.
Frau Hummel fand, daß er sehr spitz aussehe. Sie kochte Käseknödel für ihn und dreifarbigen Pudding.
Michel suchte Arnolds Adresse im Telefonbuch. Er würde ihm einen Brief schreiben.
Aber was sollte er schreiben?
Lieber Arnold. Schon das stimmte nicht. Er liebte Arnold nicht. Ganz und gar nicht. Aber so fing man einen Brief an.
Lieber Arnold, es tut mir leid. Das war Arnold egal. Er hatte klar und deutlich gezeigt, daß ihn nicht interessierte, ob es Michel leid tat.
Verzeih! Wie klang denn das?

Blöd klang das.
Michel zerknüllte das Blatt und den Umschlag, dann zerriß er beides in kleine Schnipsel.

Den Satz für Frau Hafner mußte er auch noch schreiben. »Ich habe einem Gras in den Mund gestopft.«
Das verstand kein Mensch.
Stimmt nicht, dachte er. Ein paar verstehen das nur zu gut. Einer ganz besonders.
Ich schreibe es trotzdem. Frau Hafner hat gesagt, wir haben nicht den Mut, ehrlich zu sein.
Die wird sich wundern.

Sooft er ihn ansah, wuchs Michels Wut auf Arnold. Schon wie er dasaß mit gebeugtem Rücken, die Augen gesenkt, wie er zusammenzuckte, wenn jemand an seinem Tisch vorbeiging, als wollte er die ganze Welt daran erinnern, daß sie ein schlechtes Gewissen haben mußte.

Wut und schlechtes Gewissen konnten gleichzeitig in einem wohnen, stellte Michel fest. Aber sie wohnten nicht friedlich zusammen.

Frau Hafner hatte die Zettel eingesammelt und nichts dazu gesagt, nicht in der ersten Stunde, nicht in der zweiten, nicht in der dritten. Sie ließ rechnen und lesen und zeichnen. Auch gut. Wahrscheinlich hatte niemand Lust, auf das Thema zurückzukommen. Besonders bestimmte Leute nicht.

In der großen Pause verzog sich Michel

in die hinterste Ecke der Bibliothek, wo die Gedichte standen. Hierher kam Klaus garantiert nicht und seine lieben Freunde auch nicht. Michel nahm ein Buch in die Hand, hinter Büchern konnte man sich gut verstecken. Er schlug es auf, bloß so, nach einer Weile begann er zu lesen, hier eine Zeile, dort eine Zeile. Eigentlich, fand er, waren Gedichte gar nicht so dumm. Trotzdem war er froh, daß ihn keiner gesehen hatte. Die würden ihn glatt für verrückt halten.

In der letzten Stunde zog Frau Hafner die grauen Zettel aus ihrer Tasche. Sie sagte, es habe sie sehr nachdenklich gemacht, was sie da gelesen hätte. »Viele von euch waren sehr ehrlich, und dafür möchte ich euch danken. Wenn ihr jetzt zuhört, überlegt bitte nicht: Wer hat das geschrieben? Hört einfach

zu, und achtet darauf, was in euch selbst beim Zuhören passiert. Das schreibt ihr dann in Stichworten auf.«
Michel hatte Herzklopfen. Es kam ihm vor, daß es nie so still gewesen war in der Klasse.
Frau Hafner mischte die Zettel, als wären es Spielkarten. »Ich wüßte nicht, welche Reihenfolge ich einhalten sollte«, sagte sie. »Lassen wir den Zufall entscheiden.«
Sie begann zu lesen.

Ich schlage manchmal meinen Bruder. Ich werde immer traurig, ich bin dann auch gemein, ich komme mir vor wie ein Mörder, ich denke immer, ich verletze meinen Bruder.

Als ich eines Tages vom Judo nach Hause fahren wollte, kam mir ein Mann mit dem Auto entgegen, der hatte ein Messer in der Hand und fuhr mir nach.

Über meine Mutter sagten sie immer hinter meinem Rücken, sie ist eine WC-Ente. Das tat mir sehr weh.

Ich habe meiner Schwester ein Büschel Haare ausgerissen, plötzlich bin ich sehr erschrocken, weil ich dachte, ich bringe sie noch um.

Einmal hat mich eine Frau geschlagen, obwohl ich nichts getan habe. Und dann habe ich einen Umweg gemacht. Und die Frau blieb immer stehen und sah sich um.

Ich habe meinen Bruder im Keller eingesperrt, wo so viele Spinnen sind.

Wir haben eine tote Taube im Rinnsal gefunden, und einer hat gesagt, wir müssen auf ihr springen, das ist eine Mutprobe, und dann hat jeder eine blutige Feder ausgerissen und eingesteckt.

Einmal hat mein Vater das falsche Ende vom Gürtel erwischt, und die Gürtelschnalle hat mir den Hintern aufgerissen, wie er mich verprügelt hat.

Meine Kusine stottert, da haben wir sie ausgelacht, da hat sie noch mehr gestottert.

Mein Vater und meine Mutter haben gestritten, da hatte ich Angst.

Ich spüre Gewalt, wenn ich im Fernsehen höre, daß es Krieg gibt, denn wenn es Krieg bei uns gibt, dann sind wir alle verloren.

Gewalt habe ich gespürt, als einer in der Klasse sagte, dein Vater ist ein Rocker. Dann habe ich gespürt, daß es im Inneren so ein Gefühl gab. Ich hätte ihn erschlagen können.

Einmal wurden ich und ein Freund von großen Jungen erpreßt. Wir mußten aufeinander pinkeln, gegen sie kämpfen. Da rannten wir davon. Aber ich schlage die anderen auch. Ich finde es schlecht, weil ich ohne zu denken zuschlage.

Mir hat ein Junge das Kopftuch heruntergerissen und ist darauf herumgetrampelt.

Wenn meine Mutter sagt: Du bist genau wie dein Vater.

Ich habe müssen gegen meinen Freund kämpfen. Wer gewonnen hat, durfte gehen. Da hat er gewonnen, dann mußte ich gegen ein Mädchen kämpfen. Sie hat mich auf den Boden geworfen. Ich habe es schrecklich gefunden.

Manchmal habe ich eine solche Wut, daß ich die ganze Welt umbringen könnte. Manchmal bin ich froh, daß ich keine Bomben habe.

Einmal habe ich keine Antwort gewußt, und ein Kind hat gesagt, aber das ist doch babyleicht, und die Lehrerin hat gelacht, und dann haben mich alle ausgelacht, ich hätte sie alle umbringen können.

Mein Hund hat auf meinen Lieblingspullover gepinkelt, und ich habe ihn geprügelt, dabei war er noch jung.

Jetzt muß meines kommen, dachte Michel. Er spürte, wie er rot wurde. Schaute Frau Hafner zu ihm her?

Ich habe einem Gras in den Mund gestopft.

Es folgte noch ein Zettel, er hatte sich verzählt:

Ein alter Mann hat uns mit dem Stock gedroht, da haben wir ihm den Stock aus der Hand gerissen, und er ist hingefallen und zu seinem Stock gekrochen, ohne den konnte er nicht aufstehen.

Die Lehrerin schwieg. Hinter Michel putzte sich jemand laut die Nase, Astrid hatte den Kopf auf die Arme gelegt und weinte. Einige schnieften. Aus dem Augenwinkel sah Michel, daß nicht einmal Klaus grinste.
Frau Hafner legte die Zettel sorgfältig auf einen Stapel, klopfte ihn zurecht, ihre Augen wanderten die Reihen entlang. »Ich weiß natürlich nicht, wie es für euch war, aber mir sind bei euren Erfahrungen ganz viele eigene Erinnerungen durch den Kopf gegangen, Dinge, die ich vergessen hatte, kamen wieder.«
Fast alle nickten.
»Auch wenn es eigentlich ganz anderes war«, sagte Bettina.
Robert rief: »Genau! Ist das nicht verrückt, daß etwas ganz anders und trotzdem gleich sein kann?«

Astrid weinte noch immer. Keiner sagte Heulsuse. Julia stand auf und streichelte Astrids Kopf, da fing sie an, laut zu schluchzen. Es schüttelte sie so sehr, daß ihr Stuhl gegen den Boden ratterte.
»Magst du sagen, was du hast?« fragte Frau Hafner leise.
Astrid schüttelte den Kopf, dann hob sie das Gesicht und sagte: »Sie tun mir alle so leid.«
»Wer?« fragte die Lehrerin.
»Die ganze Welt und alle.«
Sie schneuzte sich. »Blöd.«
»Nein«, sagte Frau Hafner, »ich weiß genau, was du meinst. Wenn es blöd ist, dann sind wir beide blöd.«
In der letzten Bank zog jemand Luft zwischen den Zähnen ein, schnalzte jemand mit der Zunge, blies jemand einen halben Seufzer aus. Astrids

verweintes Gesicht hatte plötzlich einen Ausdruck, als wollte sie streng erklären: Eine Lehrerin sagt so etwas nicht!
Michel hätte fast herausgelacht, als er es sah. Offenbar fiel es Frau Hafner einen Augenblick später auf, und sie lachte heraus.
Eigentlich war sie die netteste Lehrerin auf der Welt. Mit Abstand die netteste. Von Frau Rode einmal abgesehen. Auch wenn es manchmal sehr schwer war, zu verstehen, was sie jetzt wieder wollte.
»Liebe Leute«, sagte sie, »wir haben heute ein großes Stück Arbeit geleistet. Jetzt wollen wir etwas singen. Worauf hättet ihr Lust?« Sie holte ihre Gitarre aus dem Schrank.

In der Garderobe gab es dann das ganz normale Gestoße und Gedrängel. Michel wurde geschubst und verlor das Gleichgewicht.
»Hoppla!« Arnold hatte ihn aufgefangen. Michel bemühte sich, den Mund wieder zuzubringen, aber das gelang ihm nicht. Viel später sagte er: »Danke.« Da hatte sich Arnold längst abgewandt und war gegangen.
Den ganzen Nachmittag überlegte Michel, ob das vielleicht schon der Anfang einer Versöhnung war.

Von den Hunzern redete niemand mehr. Michel wußte nicht, warum. Er wußte auch nicht, warum sie Arnold in

Ruhe ließen. Hatten sie ein schlechtes Gewissen? Oder war es ihnen einfach langweilig geworden?
Vater und Mutter hatten beide noch mehr zu tun als sonst, das war Michel nur recht, weil sie nicht dazu kamen, ihn auszufragen. Er hätte nicht gewußt, was er ihnen antworten sollte. Auch wenn Frau Hafner gesagt hatte, sie sollten das nicht tun, überlegte er immer wieder, wer was aufgeschrieben hatte.

Am Donnerstag kam Klaus mit einem blauen Auge in die Schule.
»Ich bin gegen einen Laternenmast gerannt«, sagte er, ohne daß ihn jemand gefragt hätte.
In der großen Pause rannte Bertram über den Hof und stieß mit Fanny zusammen.

Er hielt sich an ihr fest, beide lachten.
»He, laß meine Braut in Ruhe!« knurrte Klaus.
Fanny lachte. »Wo ist mein Verlobungsring?«
Klaus packte sie am Arm.
»Laß los, du tust mir weh.«
Er packte noch fester zu. Sie schrie auf.
Bertram sagte: »Bist du verrückt?«
Klaus fuhr ihn an:
»Was ich mit meiner Braut mache, geht dich einen Dreck an.«
Sie riß sich los, trommelte mit beiden Fäusten gegen seine Brust und fauchte:
»Ich bin nicht deine Braut, und du bist gemein.«
Klaus schob sie zur Seite und stürzte sich auf Bertram. Ein Kreis bildete sich um die beiden. Augenblicke später lagen sie auf dem Boden, droschen aufeinander ein.

Fanny rief immer wieder: »Aufhören! So hört doch auf, ihr Idioten!«
Bertram bekam Klaus in den Schwitzkasten. Plötzlich aber riß sich Klaus los, drückte Bertrams Schultern mit beiden Händen auf das Pflaster, saß dann rittlings auf seiner Brust und hämmerte auf ihn ein. Sein Gesicht war verzerrt.
»Der Direktor kommt!« schrie jemand. Klaus holte wieder aus, als hätte er nichts gehört. Florian, Luki und Robert hatten gemeinsam zu tun, ihn von Bertram herunterzuziehen. Er starrte sie wütend an. »Das wird euch noch leid tun.«
Bertram versuchte sich den Matsch von der Hose zu putzen und verschmierte ihn dabei nur noch mehr. Auch sein Gesicht war voll davon.
»Ich glaube, du wäschst dich besser«,

sagte Luki. »Du siehst ziemlich furchtbar aus.«

»Das geht dich einen Dreck an«, herrschte ihn Klaus an.

»Ich hab mit Bertram geredet«, sagte Luki.

Nie hatte jemand so mit Klaus gesprochen. In all den Jahren nicht. Michel hielt den Atem an. Jetzt mußte etwas geschehen. Etwas ganz Furchtbares. Plötzlich wurde ihm klar, daß niemand Klaus beachtete.

Fanny hakte sich bei Viktoria unter. »Du, ich muß dir was erzählen«, sagte sie. Die beiden liefen kichernd davon.

Klaus zuckte mit den Schultern, stopfte sein Hemd zurück in die Jeans, das bei dem Kampf herausgerutscht war, klopfte an sich herum. Dann ging er mit wiegenden Schritten davon.

»Der spinnt«, sagte Mario.

»Der spinnt schon länger«, bestätigte Luki.
»Aber nicht nur er allein«, ergänzte Robert.
Niemand widersprach.
Bertram beschäftigte sich mit seinen Fingernägeln, rannte plötzlich los zu Ünal und Laura, die am anderen Ende des Schulhofes standen. Er drehte Lauras Haare zwischen seinen Fingern, als wollte er ihr Korkenzieherlocken machen. Sie schaute nicht gerade begeistert drein.

Heute konnte Michel ruhig durch den Park heimgehen. Heute würden Klaus und Bertram bestimmt keine

Versammlung auf dem Spielplatz abhalten. Der Weg an Lukis Haus vorbei war Michel verleidet, der alte Mann stand immer am Fenster und drohte mit der Faust, wenn er ihn sah. Michel trottete vor sich hin. Da fiel ihm ein, daß er noch drei Pausenbrote in der Tasche hatte. Er ging zum Teich, da war alles wie immer, die Schwäne zischten einander böse an, plötzlich neigten sich zwei schlanke lange Hälse einander zu, und die Schwäne zupften einander an den Federn. Wie ein Liebespaar sahen sie aus. Die braunweiße Ente kam nicht. Michel verfütterte seine Brote an die Schwäne und Gänse. Als er hochblickte, sah er den rotgrünen Schal im Baum hängen. Er spuckte ins Wasser. Ein paar Enten schwammen heran und gründelten nach der Spucke.

In den nächsten Tagen widmete Bertram den Mädchen seine ganze Aufmerksamkeit. Er ließ sich nicht wegschicken, und wenn Florian und Robert erklärten, er müsse sich für eine von beiden entscheiden, lachte er nur. Als ein zerrissenes Herz an der Tafel prangte mit Ü in der einen und L in der zweiten Hälfte, aufgespießt auf einem riesigen Fragezeichen, grinste er bloß. Klaus interessierte sich plötzlich lebhaft für Briefmarken und steckte in allen Pausen mit Mario zusammen. Arnold verschwand mit dem Läuten und tauchte erst wieder mit dem Läuten auf. Niemand wußte, wo er sich versteckte.

Obwohl er gar nicht wollte, beobachtete Michel Arnold in allen Schulstunden. Arnold meldete sich nie, aber wenn er gefragt wurde, gab er meist richtige

Antworten, ohne ein einziges überflüssiges Wort, obwohl es aussah, als höre er gar nicht zu. Einmal erwischte Michel Rita dabei, wie sie Arnold einen Zettel zusteckte. Wenn Michel hinter Arnold aus der Klasse ging oder nach dem Turnen aus der Garderobe, mußte er sich mit Gewalt davor zurückhalten, ihn anzusprechen. Manchmal nickte er ihm zu.

In der Nähe der Schule gab es ein Gasthaus mit einem kleinen Garten. Während der kalten Jahreszeit lief dort ein riesiger Hund auf und ab und verbellte wütend jeden, der vorüberging. Der Hund hatte die

riesigsten Zähne, fast immer lief ihm Speichel aus den Lefzen. Sogar die Lehrer wechselten auf die andere Straßenseite, wenn der Hund im Garten war. Er sah aus, als könnte er mit einem Satz über den Zaun springen, wenn er nur wollte.
An einem Freitag morgen stand Arnold vor dem Zaun, kraulte den Hund hinter den Ohren, und der Hund wedelte mit dem Schwanz, daß das Zaungitter schepperte, und seine fleischige rote Zunge hing ihm aus dem Maul.
Arnold redete mit dem Hund, so leise, daß Michel nichts verstand. Der Hund legte den Kopf schief und hörte zu.
Arnold öffnete das Gittertor und ging in den Garten. Der Hund warf sich auf den Rücken, streckte alle vier Pfoten in die Höhe und ließ sich den Bauch kraulen, dabei stieß er merkwürdige,

sehr hohe Laute aus. Vor dem Riesenvieh fürchtet er sich nicht, dachte Michel, und von mir hat er sich Gras . . .
Nein, daran wollte er nicht erinnert werden. Von niemandem. Auch nicht von sich selbst.
Laura und Valerie kamen Arm in Arm die Straße herauf. Als sie Arnold sahen, blieben sie stehen, in sicherer Entfernung vom Tor, andere kamen dazu. Arnold war so vertieft, daß er einige Zeit nicht bemerkte, wieviel Publikum er hatte. Plötzlich schaute er auf, zuckte zusammen, zog seine Hand zurück. Der Hund stieß ihn mit der Schnauze an, begann zu winseln.
Vornübergebeugt ging Arnold davon, ohne sich noch einmal umzusehen. Der Hund jaulte ihm nach, rannte hechelnd am Gitter entlang.

»Wahnsinn«, sagte Laura. »Der traut sich was.«
Valerie schaute Arnold nach, drehte sich zu dem Hund um, der jetzt verzweifelt am Zaun hochsprang. »Ich würde mich nicht einmal in einer Ritterrüstung zu dem Vieh hineintrauen.«
Michel nickte heftig. Arnold verwirrte ihn immer mehr. Er hatte das Gefühl, daß er noch nie über jemanden soviel nachgedacht hatte. Er träumte sogar von ihm. Einmal lief er neben ihm einen Berg hinauf, so schnell, daß die Felsen links und rechts wegzuspritzen schienen.

Gleich in der ersten Stunde ließ Frau Hafner einen Stuhlkreis aufstellen und holte das Päckchen mit den grauen

Zetteln aus ihrer Tasche. Michel erschrak. Er hatte gehofft, daß sie die Aufgabe vergessen hatte. Das passierte manchmal. Offenbar war er nicht der einzige, und man sah es an der Art, wie viele in ihren Schultaschen kramten. Sie wußten genau, daß sie nichts finden würden.

Frau Hafner fragte nicht nach den Zetteln. Sie wollte wissen, woran sich die Kinder erinnerten. »Mir wäre lieb, wenn es nicht die eigene Erfahrung wäre, sondern eine, die euch im Gedächtnis geblieben ist.«

Michel spürte, wie ihm bei fast jedem Satz heiß wurde. Er war schrecklich aufgeregt. Wer würde seinen Satz sagen? Er selbst sagte das mit der Schwester und den ausgerissenen Haaren. Jeder wußte, daß er keine Schwester hatte. Da konnte niemand

glauben, es ginge um ihn. Luki war es schließlich, der sagte: »Ich habe einem Jungen Gras zu fressen gegeben.«
Danach wagte Michel zum ersten Mal aufzublicken. Die meisten wurden bei vielen Sätzen rot!
»Und jetzt?« fragte Frau Hafner nach einer schrecklich langen Stille.
»Wie geht es jetzt weiter?«
Sie sahen einander an und wußten nichts zu sagen. Die Lehrerin nickte.
»Ich bin froh, daß ihr nicht glaubt, damit wäre alles erledigt. Ist es nicht und wird es vermutlich nicht sein. Das alles steckt in euch, in mir, in uns allen, und noch viel mehr, fürchte ich. Vielleicht schaffen wir es, ein bißchen wachsamer zu sein, vielleicht sogar, das eine oder andere Mal rechtzeitig auf die Bremse zu steigen.«
»Ich habe keinen Rücktritt, nur eine

Handbremse«, flüsterte Robert. »Und die muß man ziehen, nicht draufsteigen.«
Alle lachten erleichtert.

In der Pause sah Michel, daß Laura mit Arnold redete und ihm etwas in einem Buch zeigte. Die beiden standen in der Ecke und waren offenbar sehr vergnügt. Nach einer Weile kam Ünal dazu, sie steckten die Köpfe zusammen und kicherten. Lauras Pferdeschwanz wippte, Ünals Kopftuch wippte. Darunter baumelte ihr dicker Zopf und kringelte sich am Ende in einer losen Locke, aus der ein paar feine Härchen ragten, die schon beim Hinsehen kitzelten . . . Sollten sie doch. Wen interessierte das schon?

Mit Frau Rode hatte Frau Hafner auch gesprochen. Warum sonst hätte Frau Rode das Thema »Wut« gegeben? Mit Fingerfarben mußten sie malen, wie im Kindergarten.

Die Mutter hatte immer noch ihren fragenden Blick, wenn Michel aus der Schule heimkam. Sie sagte zwar nichts, aber er hätte strampeln und schreien mögen, wenn sie ihn so ansah. Was konnte er dafür, daß Arnold ihm auswich? Zwei Wochen waren vergangen. In zwei verdammten Wochen war es Michel nicht gelungen,

mit Arnold zu reden, auch wenn er in der Pause um ihn herumschlich, auch wenn er ihm in der Turnstunde dreimal den Ball zugespielt hatte.
Klaus und Bertram hatten nicht wieder mit Michel gesprochen. Darüber war er froh. Gleichzeitig störte es ihn. Nein, es störte ihn überhaupt nicht. Die konnten doch tun, was sie wollten. Nicht einmal von der Polizei hatte Michel gehört. Das war zwar gut, natürlich war das gut. Er hätte nur gern gewußt, was los war. Das war doch wirklich nicht zu viel verlangt, oder?
Er kam sich vor, als wäre er unsichtbar. Und unhörbar. Manchmal wurde das richtig unheimlich. Dann zwickte er sich in beide Oberarme. Es war fast beruhigend, daß er das wenigstens spürte.

Ein Zettel ging durch die Klasse. Jedes Kind, das ihn gelesen hatte, nickte Rita zu. Michel erwartete, daß Astrid ihn auslassen und das zusammengefaltete Blatt gleich an Florian weitergeben würde, aber sie reichte es ihm.

In der Pause hinter dem Fahrradständer. Kommt alle!

Alle hieß offenbar wirklich alle.

Die ganze Klasse drängelte sich in der Ecke zwischen Mülleimern und Fahrradständern. »Wir brauchen doch ein Geschenk für das Baby«, begann Rita.

»In sechs Monaten!« sagte Luki. »Da gibt es nämlich Lieferfristen.«

Rita ließ sich nicht stören. »Wir schenken ihm eine Patchwork-Decke. Jeder von uns häkelt ein Quadrat, 20 mal 20 Zentimeter, und meine Mama wird dann alle zusammenhäkeln.

Je bunter, desto besser, ihr könnt auch

verschiedene Muster häkeln.«
Einige fanden die Idee gut, einige stöhnten. Klaus stupste Fanny an.
»Du kannst meines gleich mithäkeln. Das ist Weiberarbeit.«
»Nein«, sagte Fanny. »Du machst deines schön selbst, wie alle anderen.«
Klaus starrte sie mit offenem Mund an. Dann zuckte er mit den Schultern.
»Also – wer will für mich häkeln? Die glückliche Gewinnerin kriegt einen dicken Kuß von mir.«
Sämtliche Mädchen lachten, manche lauter, manche leiser, Viktoria kicherte hinter vorgehaltener Hand. Die Jungen blickten finster.

»Ich kann das gar nicht mehr«, behauptete Bertram. »Meine Maus in der Zweiten hat auch die Mama gehäkelt. Wenn ich so einen Fleck machen müßte, das würde eine Haube für ein Monster oder sonstwas.« Viele Jungen nickten.

»Wenn ihr nicht mitmacht, wird es eben nur ein Geschenk von den Mädchen«, sagte Valerie. »Dann könnt ihr euch selbst etwas ausdenken.«

»Ist ja noch so viel Zeit«, sagte Mario.

»Und damit ihr es nur wißt, wir schauen uns jedes Stück genau an. Mütterarbeiten werden nicht angenommen«, erklärte Rita unter heftigem Beifall der Mädchen.

»Woher wollt ihr denn wissen, wer was gemacht hat?« fragte Edi. Die Mädchen lachten schallend.

»Wir sollten ausmachen, wer welche

Farbe nimmt«, meinte Laura. »Damit alles zusammenpaßt.«
»Ich nehme gleich Dunkelgrau«, sagte Mario. »Ganz egal, womit ich anfange, zuletzt wird es doch dunkelgrau.«
»Ein paar helle Farben sollten wir schon auch haben«, sagte Fanny. »Ich nehme Gelb. Kann man ja notfalls waschen.«
»Noch etwas.« Ritas Stimme klang tiefer als sonst. »Alle müssen eine Häkelnadel Nummer 3,5 verwenden, damit das Ganze halbwegs ordentlich wird.« Die hatte ja alles fest im Griff.
Die Mama wird sich wundern, wenn ich sie um Wollreste bitte, dachte Michel. Und erst recht, wenn ich eine Häkelnadel verlange. Überhaupt werden sich heute einige Mütter wundern.
Die meisten Mädchen gratulierten Rita

zu ihrem Vorschlag, nur Valerie sagte: »Du bist selbst schuld, wenn mein Fleck die Decke verschandelt. Meine Mutter kann das prima, sogar mit Muster.«

»Wir kriegen das auch hin«, erklärte Frank. »Wär doch gelacht.«

»Gut. Bis morgen sagt ihr mir, für welche Farbe ihr euch entschieden habt.« Und das sollte die schüchterne, zurückhaltende Rita sein! Niemand widersprach ihr.

Klaus boxte Frank in die Rippen, sie fingen an, einander zu schubsen. Das war fast beruhigend normal. Doch dann sagte Klaus: »Wenn du verlierst, mußt du meinen Fleck häkeln«, und Frank lachte und sagte: »Mir scheint, du spinnst. Traust dich nicht, was?«

Das war entschieden nicht normal.

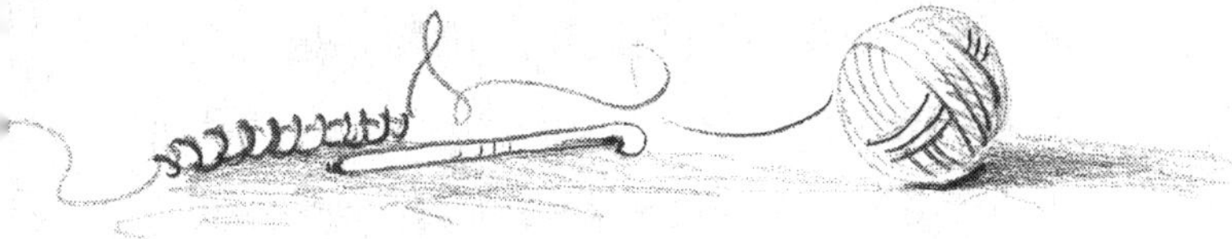

Noch weniger normal war, daß Klaus zwei Tage später mit Fanny in der hintersten Ecke der Bücherei saß und sich feste Maschen zeigen ließ. Er hatte offenbar vergessen, wie man die häkelte. Seine Zunge kroch zwischen den Zähnen hervor, die Häkelnadel hielt er so fest, daß seine Knöchel weiß hervortraten. Michel schlich davon, bevor Klaus sehen konnte, daß er beobachtet wurde. Warum ließ er sich eigentlich nicht von seiner Mutter helfen?
So viele Fragen.

In der nächsten Pause rempelte Bertram Michel an, aber freundlich.

Michel wunderte sich selbst, als er zurückkrempelte und sagte: »Verstehst du eigentlich, was los ist? Irgendwie sind – alle ganz anders. Ich meine . . .«
Bertram knetete seine Nase. »Du meinst, weil Arnold . . .« Bertram drehte seine Nasenspitze so weit nach links, daß sie seine Backe berührte.
»Zum Beispiel«, sagte Michel.
»Macht keinen Spaß mehr«, sagte Bertram. Seine Nasenspitze war jetzt knallrot. Er zuckte mit den Schultern.
Michel hätte gern weitergefragt, aber Bertram fuhr fort: »Wenn du den Mund halten kannst, zeig ich dir was.« Einen Augenblick zögerte Michel, dann dachte er, was soll schon passieren, mitten in der Schule. Da kommt doch alle nasenlang ein Lehrer vorbei. Außerdem sah Bertram wirklich nicht aus wie einer, der etwas Böses im Sinn hatte.

Er ging voraus in den Waschraum im dritten Stock, dort kam selten jemand hin. »Schwörst du, daß du niemandem etwas sagst?«
»Ich schwöre.« Michel war nicht geheuer zumute, aber seine Neugier war größer als das Unbehagen.
Bertram zog ein buntes Notizbuch aus der Tasche. Darin waren auf je einer Seite die Namen sämtlicher Mädchen der Klasse in Schönschrift aufgemalt, darunter klebte, mit Klarsichtband festgehalten, eine Haarlocke. »Die hab ich alle selbst abgeschnitten.« Er zeigte Michel eine winzige Schere mit einem Vogelkopf als Schneide. »Toll, was?«

Warum hat er das ausgerechnet mir gezeigt? überlegte Michel. Er hat doch ganz andere Freunde. Irgendwie fand er Bertrams Sammlung blöd und irgendwie aufregend.

Michel wollte nicht immer an Arnold denken. Je weniger er es wollte, um so öfter tat er es. Bis er einen Entschluß faßte: Er würde mit dem Fußball den rotgrünen Schal herunterschießen und ihn Arnold bringen, dann mußte er doch mit ihm reden.
Zwei alte Männer spazierten plaudernd durch den Park. Michel mußte warten, bis sie vorbei waren. Wie langsam sie gingen! Dann kam eine Frau mit einem Kinderwagen, die ständig stehenblieb und einen Dreiradfahrer mit Polizistenkappe aufforderte weiterzufahren, anschließend ein

junges Paar, heftig streitend, dann eine Frau, die einen Mann im Rollstuhl schob. Und das alles, obwohl es ein trüber, kühler Tag war und bestimmt gleich nieseln würde. Michels Zehen wurden kalt. Aber das war diesen Parkbesuchern natürlich ganz und gar gleichgültig. Typisch.
Endlich war vorn und hinten niemand zu sehen. Michel fixierte den Schal mit den Augen, schwang den Arm einmal, zweimal, um genau das richtige Gefühl zu bekommen, ließ den Ball fliegen. Der Ball streifte den Schal, doch der Schal blieb hängen. Viele Blätter und kleine Zweige fielen herunter.
Michel versuchte es noch einmal und noch einmal. Immer wieder traf er, doch der Schal fiel nicht herunter. Hing rotgrün da, wehte ein wenig hin und her, als wollte er Michel verhöhnen.

Der Boden war mit Ästchen übersät. Plötzlich pflanzte sich ein Mann vor Michel auf und fuhr ihn an: »Du bist wohl verrückt! Was hat dir der Baum getan? Ist es nicht schlimm genug, daß in der ganzen Stadt Bäume von Abgasen vergiftet werden und sterben?«
Michel stotterte: »Der Schal . . . ich muß den runterholen . . .«
Der Mann blickte hinauf. »Der hängt doch seit Tagen da. Ich hab mir schon gedacht, das gibt im Frühling ein rotgrün gepolstertes Vogelnest.«
Michel nickte.
Der Mann musterte ihn, dann sagte er: »Den haben dir wohl welche von den Fratzen raufgeworfen, die sich immer hier herumtreiben? Und jetzt gibt's Ärger daheim. Such dir andere Freunde aus.« Er betrachtete den Ast prüfend. »Jaja. Ich kann mich erinnern, welche

Prügel ich bezogen habe, als ich ohne meine Handschuhe heimkam, die hatten ein paar Mistkerle in den Fluß geworfen. Ich bin reingefallen bei dem Versuch, die Handschuhe zu retten. Hab nach den Schlägen tagelang nicht sitzen können, und eine Lungenentzündung hab ich auch erwischt.« Er schaute Michel mitleidig an. »Jetzt tobt deine Mutter, was?«

Michel senkte den Kopf.

»Warte hier.« Der Mann ging zu einem Schuppen und kam mit einer sehr langen Stange zurück. Er erwischte den Schal, aber der hing irgendwo fest, flatterte nur. Beim vierten oder fünften Versuch erst gelang es ihm, den Schal vom Ast wegzuziehen. Er fiel ins Gras, lag da, ein feuchter, unansehnlicher Lappen mit einem großen Loch.

»Pech«, sagte der Mann. »Aber die

Prügel werden nicht ganz so schlimm sein. Nicht ärger, als du verdient hast für das, was du dem Baum angetan hast.«
Michel bedankte sich, er sagte nicht, daß seine Mutter Prügel noch mehr haßte als er selbst. Der Mann kennt sie ja nicht, dachte er, da kann es ihr doch gleich sein, was er glaubt. Ganz wohl war ihm nicht dabei.

Die Mutter begrüßte ihn mit der Nachricht, daß die Polizei angerufen habe. Zwei Jugendliche waren mit einem ganzen Strauß frisch abgebrochener Antennen erwischt worden und hatten zugegeben, daß sie den Parkplatz öfter »besucht« hatten.
»Da mußt du dir also wirklich keine Sorgen mehr machen«, sagte sie. Sie

fragte nicht, warum Michel einen fremden Schal waschen und bügeln wollte. Manchmal wußte sie erschreckend viel, ohne daß es ihr jemand gesagt hätte. Sie gab ihm Seifenflocken, prüfte die Wassertemperatur. Später stellte sie das Bügelbrett auf und das Bügeleisen richtig ein. Der Schal rutschte immer wieder davon, als wollte er Michel ärgern. Wenn sie bügelte, lagen die Teile still da, wo die Mutter sie hingelegt hatte.

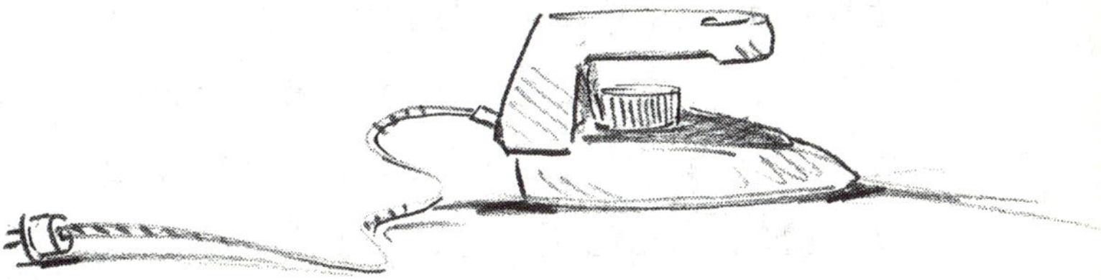

Endlich war der Schal halbwegs glatt. Das Loch schien größer als zuvor.

»Laß ihn noch da liegen«, sagte die Mutter. »Er muß ausdunsten.« Sie drückte Michels Kopf an sich.
Fast hätte er ihr gesagt, daß er sie verraten oder jedenfalls nicht verteidigt hatte, da klingelte das Telefon, und sie redete stundenlang mit irgend jemandem, und der Augenblick ging vorbei.

Am Morgen wickelte die Mutter den Schal in Seidenpapier, Michel steckte ihn ein. Mit einem flauen Gefühl im Magen ging er fast eine Viertelstunde früher weg als sonst. Er wartete vor dem Schultor, bis er Arnold kommen sah, wartete noch eine Minute oder zwei, dann rannte er auf ihn zu, streckte ihm das Päckchen entgegen. Arnold blickte ihn sehr verwundert an.

»Es ist . . . dein Schal. Ich hab ihn heruntergeholt.«
Arnold nickte, packte ihn aus, legte ihn sich um den Hals. »Gebügelt hast du ihn auch.«
»Es ist . . . ich wollte das alles nicht und . . .«, stieß Michel hervor. »Bist du noch sehr sauer?«
Arnold stand da und sagte eine ganze Weile lang nichts, wiegte nur den Kopf hin und her. »Nein«, entschied er schließlich. »Aber deswegen muß ich dich ja noch lange nicht mögen, oder?«
»Nein. Ich dich auch nicht, oder?«
Plötzlich fingen beide an zu lachen. Nebeneinander gingen sie ins Schulhaus, stießen in der Tür mit den Schultern aneinander und lachten den ganzen Weg bis zum Klassenzimmer. Frau Rode stand auf

dem Gang und redete mit Laura und Ünal.

»Na, ihr beiden?« fragte sie. »Darf man mitlachen?«

»Aber klar doch«, sagten sie gleichzeitig, und Arnold fügte hinzu: »Sie sind sogar herzlich eingeladen.«

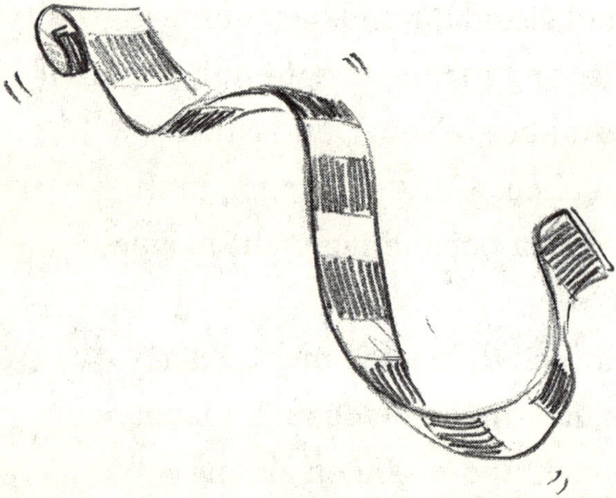